Suzanne Harris

Feine Suppen rund ums Jahr

Einfach Köstlich

SUZANNE HARRIS

FEINE SUPPEN

RUND UMS JAHR

MARY HAHN

Lektorat: Isabelle Fuchs, Anja Beck
Umschlaggestaltung: Wolfgang Heinzel
Umschlagfoto: Peter Kölln, Köllnflocken, Elmshorn
Fotos: CMA Deutscher Käse, Bonn: S. 19, 41, 63; Biskin: S. 45; Robert Bosch Hausgeräte GmbH, München: S. 53, 57; Deutsches Suppen-Institut, Bonn: S. 5, 46, 48; Galbani, Mainz: S. 30; Grünland/Wirths-PR, Fischbach: S. 43; Kikkoman: S. 54; Peter Kölln, Köllnflockenwerke, Elmshorn: S. 5, 21, 24, 29, 35; Feinkost Jürgen Langbein GmbH, Kaltenkirchen: S. 5, 6, 7, 8, 9, 10; Maggi Kochstudio, Frankfurt a. Main: S. 5, 12, 26, 33, 38; McCain, Eschborn: S. 17; Suzi Wan, Verden: S. 23, 51, 58; Terra Nova Zirngibl GmbH, Mallersdorf: S. 15; Uncle Ben's: S. 60; USA Sonnenblumenkerne: S. 37

Verlag und Autorin danken den genannten Firmen
für die freundliche Unterstützung bei der Entstehung dieses Buches.

Layout: Wolfgang Heinzel
Herstellung und Satz: Angelika Geiß
Reproduktion: EPS, München

Druck und Bindung: Proost, Turnhout
Printed in Belgium
ISBN 3-87287-449-7

In unserem Rezeptteil empfehlen wir Ihnen stets die Verwendung von Fleisch-, Fisch- oder Gemüsebrühe, denn dadurch erhalten die Suppen ein volleres und kräftigeres Aroma. Wenn Sie unter Zeitdruck stehen, können Sie natürlich auch Wasser oder gekörnte Brühe verwenden – so raffiniert wie hausgemacht schmeckt es dann allerdings nicht. Es lohnt sich durchaus, beispielsweise an einem verregneten Wochenende, mehrere Liter Brühe auf Vorrat zu kochen, diese liter- oder halbliterweise zu portionieren und einzufrieren.

KALBSFOND

FÜR CA. 1 LITER
ZUBEREITUNG: CA. 3 STD.

2,5 kg kleingehackte Kalbsknochen • 2 Karotten
1 mittelgroße Zwiebel
250 ml trockener Weißwein
1 Selleriestange in Stücken
6 gehackte und entkernte Tomaten • 150 g Champignons in Scheiben • 2 ungeschälte Knoblauchzehen • 1 Zweig Thymian • 1 Lorbeerblatt
1 Zweig Petersilie • 1 Zweig Estragon • 1 Stück Lauch

Kalbsknochen mit Wasser bedecken, das Ganze zum Kochen bringen und 5 Minuten köcheln lassen. Abgießen und die Knochen kalt abspülen. Dann trockentupfen. Karotten und Zwiebel schälen und kleinschneiden.

Die Knochen in einem Bräter bei starker Hitze unter Wenden kräftig anrösten. Dann Karotten sowie Zwiebel dazugeben und 5 Minuten mitbraten. Den Bräterinhalt mit einem Schaumlöffel herausnehmen und in einen anderen Topf geben. Das Fett im Bräter abgießen, den Bratensatz mit etwas Wein ablöschen. Wein um die Hälfte einkochen lassen, dann restlichen Wein sowie 3 Liter Wasser zugeben. Bei starker Hitze aufkochen und dann 10 Minuten köcheln lassen, dabei den Schaum abschöpfen. Die Flüssigkeit in den Topf umgießen.

Sellerie, Tomaten, Champignons und Knoblauch hinzufügen. Die Kräuter und den Lauch zu einem Sträußchen binden, in den Topf geben. Den Fond bei mittlerer Hitze offen etwa 2 Stunden und 30 Minuten köcheln lassen, dabei immer wieder den Schaum abschöpfen. Anschließend durch ein feines Sieb abseihen.

TIP:
Kalbsfond ist die Grundlage feiner Saucen, kann aber auch für edle Suppen verwendet werden.

HÜHNERBRÜHE

Für ca. 1,5 Liter
Zubereitung: ca. 2 Std.

1 Suppenhuhn (ca. 1,5 kg) oder die entsprechende Menge Hühnerklein • 1 Zwiebel • 2 Karotten • 1 Stück Knollensellerie • 1 Stück Lauch • 1 Petersilienwurzel • 1 Zweig Thymian • Salz

Suppenhuhn innen und außen waschen, Hühnerklein abspülen. In einen großen Topf geben, mit 2,5 Liter kaltem Wasser auffüllen und das Ganze zum Kochen bringen. Die Hitzezufuhr reduzieren und die Suppe sanft köcheln lassen. Den dabei entstehenden Schaum in den ersten 20 bis 30 Minuten mit einem Schaumlöffel abschöpfen.

In der Zwischenzeit die Zwiebel schälen und vierteln, die Karotten putzen, den Sellerie schälen, den Lauch und die Petersilienwurzel waschen und putzen. Alles zusammen in die Brühe geben, Thymian hinzufügen und die Suppe bei milder Hitze etwa 1 Stunde und 30 Minuten offen köcheln lassen. Zwischendurch immer wieder den Schaum abschöpfen.

Die Brühe mit Salz abschmecken. Das Huhn herausheben, das Fleisch für eine Suppe oder einen Salat weiterverwenden. Die Brühe durch ein feines Sieb in eine Schüssel gießen und abkühlen lassen. Mit einem Löffel die Fettaugen von der Oberfläche abschöpfen. Für eine fast völlig fettfreie Brühe diese über Nacht in den Kühlschrank stellen. Am nächsten Tag die Fettschicht mit einer Gabel abheben.

VARIATION:
Wenn Sie nur Brühe kochen wollen, ist ein Suppenhuhn oder Hühnerklein völlig ausreichend. Wirtschaftlicher ist es jedoch, wenn Sie ein frisches Hähnchen kochen und das Fleisch dann anderweitig weiterverarbeiten. Zudem sparen Sie sich das Entfetten, da Hähnchen wesentlich magerer als Suppenhühner sind.

RINDFLEISCHBRÜHE

FÜR CA. 1,5 LITER
ZUBEREITUNG: CA. 3 STD.
1–1,5 kg Suppenfleisch
500 g zerkleinerte Rindermarkknochen • 1 Zwiebel
2 Karotten • 1 Stück Knollensellerie • 1 Stück Lauch
1 Petersilienwurzel
1 TL schwarze Pfefferkörner
etwas Liebstöckel und Petersilie
Salz

Das Rindfleisch waschen. Die Knochen mit Wasser bedecken, das Ganze zum Kochen bringen und 5 Minuten köcheln lassen. Abgießen und die Knochen kalt abspülen. Die Zwiebel schälen und vierteln, die Karotten putzen, den Sellerie schälen, den Lauch waschen und putzen und die Petersilienwurzel putzen.

Fleisch, Knochen, Zwiebel und das vorbereitete Gemüse zusammen mit Pfefferkörnern, Liebstöckel und Petersilie in einen Topf geben und mit reichlich kaltem Wasser (etwa 2,5 Liter) bedecken. Alles zum Kochen bringen, dann die Hitzezufuhr reduzieren und die Brühe offen köcheln lassen. Den sich bildenden Schaum in den ersten 20 bis 30 Minuten mit einem Schaumlöffel abschöpfen.

Wenn sich kein Schaum mehr bildet, den Topf bis auf einen Spaltbreit schließen und die Brühe etwa 2 Stunden und 30 Minuten köcheln lassen. Zum Schluß mit Salz abschmecken.

Die Fleischstücke und Knochen aus der Brühe heben und abkühlen lassen. Von den Knochen das verwertbare Fleisch ablösen und zusammen mit dem weichgekochten Suppenfleisch für ein anderes Rezept verwenden.

Die Brühe durch ein feines Haarsieb gießen, etwas abkühlen lassen. Mit einem Löffel die Fettaugen von der Oberfläche abschöpfen. Für eine fast völlig fettfreie Brühe diese über Nacht in den Kühlschrank stellen. Am nächsten Tag die Fettschicht mit einer Gabel abheben. Die Brühe nochmals abseihen.

VARIATION:
Sie können eine Rinderbrühe auch ohne Fleisch zubereiten. Verwenden Sie zusätzlich zu den Markknochen noch 1 bis 1,5 kg Rinderknochen, die Sie sich bereits vom Metzger zerkleinern lassen. Am besten eignen sich Knochen von der Querrippe oder vom Roastbeef.

GEMÜSEBRÜHE

FÜR CA. 1,5 LITER
ZUBEREITUNG: CA. 45 MIN.

2 Karotten • 1 Stück Sellerie
1 kleines Stück Fenchel
1 Lauchstange • 1 Schalotte
1 Zwiebel • 250 ml trockener Weißwein • 2 Knoblauchzehen
1 Bouquet garni (1 Zweig Thymian, 1 Stengel Petersilie und 1 Lorbeerblatt zu einem Sträußchen gebunden)
Pfeffer aus der Mühle • Salz

Karotten, Sellerie und Fenchel waschen, putzen und in Scheiben schneiden, den Lauch waschen und in feine Ringe schneiden. Schalotte und Zwiebel schälen und ebenfalls in dünne Ringe schneiden.

Alle vorbereiteten Zutaten in einen großen Topf geben und mit etwa 2 Liter Wasser und dem Weißwein auffüllen. Die Knoblauchzehen ungeschält dazugeben, das Bouquet garni hineinlegen und alles mit Pfeffer würzen.

Das Ganze zum Kochen bringen, anschließend bei reduzierter Hitze offen etwa 30 Minuten sanft köcheln lassen, den dabei entstehenden Schaum gelegentlich mit einem Schaumlöffel abschöpfen.

Zum Schluß noch mit Salz abschmecken. Die Gemüsebrühe durch ein feines Sieb abseihen. Nach Bedarf weiterverwenden oder erkalten lassen und tiefgefrieren.

VARIATION: Die angegebene Gemüseauswahl läßt sich beliebig variieren und erweitern. Sie können auch Gemüsereste verwenden, für die Sie sonst keine Verwertung mehr haben, wie zum Beispiel die grünen Teile einer Lauchstange.

TIP:
Gemüsebrühe sollte nicht länger als etwa 40 Minuten gekocht werden, da das Gemüse dann keine Geschmacksstoffe mehr abgibt.

FISCHBRÜHE

FÜR CA. 1,5 LITER
ZUBEREITUNG: CA. 40 MIN.

500 g Fischgräten, -flossen und -köpfe von Fischen mit magerem, weißem Fleisch
1 Karotte • 1 Stück Lauch
1 kleines Stück Sellerie
1 Zwiebel • weißer Pfeffer
1 kleine Knoblauchzehe
100 ml trockener Weißwein
1 Bouquet garni (1 Zweig Thymian, 1 Stengel Petersilie und 1 Lorbeerblatt zu einem Sträußchen gebunden)
1 Zitronenscheibe • Salz

Fischreste und -köpfe sowie die Gräten abspülen und in einen Topf geben. Karotte, Lauch und Sellerie waschen, putzen und grob zerkleinern. Die Zwiebel schälen und vierteln. Alle vorbereiteten Zutaten in einen Topf geben.

Mit etwa 2 Liter Wasser bedecken und zum Kochen bringen. Die Hitzezufuhr reduzieren und den Schaum mit einem Schaumlöffel entfernen. Pfeffer, Knoblauch, Wein, das Bouquet garni und die Zitronenscheibe hinzufügen.

Das Ganze 15 bis 20 Minuten bei sanfter Hitze auskochen. Die Brühe durch ein feinmaschiges Sieb gießen und nach Rezept verwenden.

TIP:
Fischbrühe sollte nicht länger als etwa 20 Minuten gegart werden, da die Fischgräten sonst Stoffe freisetzen, die die Brühe leimig schmecken lassen.

HINWEISE, TIPS & TRICKS

Die Personenanzahl

Sofern nicht anders angegeben, sind alle Rezepte für 4 Personen berechnet.

Die Zubereitungszeit

Die in den Rezepten genannte Zubereitungszeit beinhaltet die Vorbereitungszeit, die für Putzen, Waschen, Schneiden etc. der Zutaten benötigt wird, sowie die Garzeit. Extrazeiten, wie zum Beispiel Zeit zum Marinieren, Zeit zum Durchziehen oder Ruhezeit sind gesondert aufgeführt, Sie finden sie jeweils unter der Angabe für die Zubereitungszeit.

Abkürzungserklärungen:

EL	=	Eßlöffel
TL	=	Teelöffel
ml	=	Milliliter
l	=	Liter
cm	=	Zentimeter
g	=	Gramm
kg	=	Kilogramm
Msp.	=	Messerspitze
ca.	=	cirka
TK	=	Tiefkühl
°C	=	Grad Celsius

Backofentemperaturen

Alle Temperaturangaben beziehen sich auf einen herkömmlichen Elektroherd mit Unter- und Oberhitze. Sollten Sie einen Gas- oder Heißluftofen besitzen, halten Sie sich an die nebenstehenden Richtwerte. Beachten Sie jedoch bitte, daß es sich hierbei um Zirka-Werte handelt. Im Zweifelsfall informieren Sie sich am besten anhand der Herstelleranleitung Ihres Gerätes.

Temperatur	Gasbackofen mit 10 Stufen	Gasbackofen mit 8 Stufen
120 °C	Stufe 1	Stufe 1
150 °C	Stufe 2–3	Stufe 2
180 °C	Stufe 4	Stufe 3
210 °C	Stufe 5-6	Stufe 4
240 °C	Stufe 7	Stufe 5

Tips & Tricks

- Die Brühe erhält eine goldbraune Farbe, wenn sie eine Zwiebel halbieren, die Schnittfläche auf der Herdplatte dunkelbraun rösten und die Zwiebel dann mitsamt der Schale in die Brühe geben.

- Wenn die Brühe trüb ist, kann man sie klären, um ihr ein appetitlicheres Aussehen zu geben. Hierzu 2 frische Eiweiße, etwa 10 Eiswürfel, etwas gehacktes Suppengrün, 1 Lorbeerblatt und einige Pfefferkörner in einem Topf vermengen. Die entfettete, kalte Brühe oder den Fond hinzugießen und unter ständigem Rühren aufkochen. Etwa 20 Minuten ziehen lassen und anschließend durch ein Tuch abseihen.

FRÜHJAHR

Diese Köstlichkeit ist ein »Muß« zur Spargelzeit. Wir präsentieren Ihnen das klassische Rezept, hier mit Krabben verfeinert.

SPARGELCREMESUPPE

FÜR 4 PERSONEN
ZUBEREITUNG: CA. 40 MIN.

75 g frische Krabben
1 EL Zitronensaft
500 g weißer Spargel • Salz
1 Prise Zucker • 3 EL Butter
3 EL Mehl • 200 g Sahne
1 frisches Eigelb • 1 Prise frisch geriebene Muskatnuß
schwarzer Pfeffer aus der Mühle • 1 EL gehackte Pistazien zum Garnieren

Krabben mit Zitronensaft beträufeln und zugedeckt etwa 30 Minuten ziehen lassen. In der Zwischenzeit die Spargelstangen waschen und gründlich schälen, dabei die Schalen aufbewahren. Die Stangen in kleine Stücke schneiden. Die Schalen zusammen mit 3/4 Liter Wasser in einen Topf geben. Das Ganze erhitzen und die Schalen etwa 25 Minuten kochen.

Die Brühe durch ein Sieb abseihen und wieder in den Topf geben. Zum Kochen bringen und die Spargelstücke hineingeben. Das Ganze salzen, den Zucker hinzufügen und den Spargel 15 Minuten garen.

Die Spargelstücke mit einem Schaumlöffel herausnehmen und beiseite stellen. Die Spargelbrühe mit Wasser auf etwa 3/4 Liter auffüllen.

Die Butter in einem anderen Topf erhitzen. Das Mehl dazusieben und hellgelb anschwitzen lassen. Dann die Brühe angießen und alles 5 Minuten köcheln lassen. Die Hälfte der Sahne mit dem Eigelb verquirlen. Die Suppe vom Herd nehmen und die Sahne-Eigelb-Mischung unterziehen. Die Krabben und die Spargelstücke dazugeben und heiß werden lassen. Die Suppe mit Muskatnuß, Salz und Pfeffer abschmecken.

Die restliche Sahne steif schlagen, jeweils einen Sahnetupfer auf die Portionen geben und alles mit Pistazien bestreuen.

ALS BEILAGE: Frisches Weißbrot oder dunkles Vollkornbrot.

TIP FÜR EILIGE:
Die Suppe mit einem Beutel Spargelcreme Suppe (z. B. von Maggi) nach Packungsanleitung zubereiten, die gekochten Spargelstücke und die Krabben hinzufügen, alles nochmals erhitzen und dann mit Sahne und Pistazien garnieren.

Der asiatische Einfluß ist bei diesem Rezept unverkennbar. Koriander und Sojasauce machen dieses einfache Süppchen zu einem Geschmackserlebnis.

EIERBLUMENSUPPE MIT FRISCHEM KORIANDER

FÜR 4 PERSONEN
ZUBEREITUNG: CA. 15 MIN.
1 l Rindfleischbrühe (s. S. 8)
250 g gekochtes Suppenfleisch
2 Eier • 4 EL Mehl
1 kleines Bund Koriandergrün
1–2 EL Sojasauce

Rindfleischbrühe erhitzen. In der Zwischenzeit das Suppenfleisch würfeln, die Eier in ein Schälchen schlagen und mit dem Mehl verrühren.

Das Koriandergrün waschen und die Blättchen von den Stengeln zupfen. Die Fleischwürfel in die Brühe geben und heiß werden lassen. Die verquirlten Eier durch ein Sieb in die heiße Suppe streichen und diese 2 bis 3 Minuten kochen lassen.

Die Suppe vom Herd nehmen, mit Sojasauce abschmecken und auf Suppenteller oder -schälchen verteilen. Mit den Korianderblättchen bestreuen und servieren.

VARIATIONEN: Wenn Sie eine gehaltvollere Suppe wünschen, geben Sie noch Glasnudeln dazu: Nudeln nach Packungsanleitung in warmem Wasser einweichen, abgießen und vor dem Servieren unter die Suppe heben. Das Rindfleisch können Sie auch durch Tofu ersetzen.

Durch die Verwendung von frischen Erbsen ist dieses ursprüngliche Arme-Leute-Essen längst zu einem Feinschmeckergericht avanciert.

ERBSENSUPPE MIT SCHINKENWÜRFELCHEN

FÜR 4–6 PERSONEN
ZUBEREITUNG: CA. 30 MIN.
1 dicke Scheibe gekochter Schinken (ca. 150 g)
1 Zwiebel • 2 Karotten
1 Selleriestange • 1 Knoblauchzehe • 500 g frische Erbsen
250 g Champignons
3 EL Butter • 1 l Gemüsebrühe (s. S. 9) • Salz • Pfeffer
Schnittlauchröllchen zum Garnieren

Gekochten Schinken in feine Würfel schneiden und beiseite stellen. Zwiebel, Karotten, Sellerie sowie Knoblauch putzen und fein würfeln. Die Erbsen auspulen. Die Champignons mit einem feuchten Tuch säubern und blättrig aufschneiden.

Die Butter in einem Topf erhitzen und die Schinkenwürfel darin kroß braten. Mit einem Schaumlöffel aus dem Topf heben und auf Küchenkrepp abtropfen lassen. Von den Karottenwürfeln 2 Eßlöffel abnehmen und zum Garnieren aufbewahren. Die übrigen Karottenwürfel zusammen mit Zwiebel, Knoblauch und Sellerie andünsten, nach knapp 5 Minuten die Champignons sowie die Erbsen hinzufügen und unter ständigem Rühren mitdünsten, bis die Pilze bräunen. Die Brühe hinzugießen und das Ganze zum Kochen bringen.

Salzen und pfeffern, dann bei milder Hitze 5 bis 10 Minuten köcheln lassen. Mit einem Pürierstab oder im Mixer pürieren, die Schinkenwürfel einrühren und nochmal kurz erhitzen. Dann die Suppe vom Herd nehmen und einige Minuten durchziehen lassen. Nach Bedarf noch einmal abschmecken. Auf Teller verteilen und mit den Karottenwürfeln sowie Schnittlauch garnieren.

ALS BEILAGE: Feines Schwarz- oder Vollkornbrot.

TIP:
Für das mühevolle Auspulen der Erbsen werden Sie mit einer kräftigen Brühe belohnt: Die leeren Hülsen waschen, grob zerhacken und 20 bis 30 Minuten in Wasser auskochen, auspressen und wegwerfen. Die heiße Brühe gleich weiterverwenden oder abkühlen lassen und einfrieren. Für 500 g geschälte Erbsen brauchen Sie ca. 1,2 kg Erbsen in der Schale.

Überraschen Sie Ihre Gäste mit dieser raffinierten Komposition, wobei Sie die Kartoffelpuffer natürlich auch selbst nach einem alten Hausrezept zubereiten können.

OSTERBOUILLON MIT LACHSPUFFERN

FÜR 8 PERSONEN

ZUBEREITUNG: CA. 30 MIN.

8 TK-Kartoffelpuffer (z. B. von McCain)
1 Zwiebel • 1 Bund Kräuter (z. B. Basilikum, Schnittlauch, Petersilie, Borretsch, Thymian)
2 EL Olivenöl • Salz
grober Pfeffer • Muskatnuß
1–2 TL Zitronensaft
4 Eier • 4 EL frisch geriebener Parmesan • 2 l kräftige Fleischbrühe (s. S. 8) • 100 g Sahne
1 EL Meerrettich • 8 Scheiben geräucherter Lachs (à 50 g)
Dill zum Garnieren

Kartoffelpuffer auf ein Backblech legen und im auf 170 °C vorgeheizten Backofen auf mittlerer Schiene etwa 25 Minuten backen. In der Zwischenzeit die Zwiebel schälen und fein hacken, die Kräuter waschen, putzen und zerkleinern. Einen Teelöffel zum Garnieren abnehmen. Das Olivenöl erhitzen und Zwiebel und Kräuter darin andünsten. Mit Salz, Pfeffer, Muskatnuß und Zitronensaft würzen.

Eier mit Parmesan verquirlen, über die Kräuter gießen, vorsichtig vermischen und bei geringer Hitze stocken lassen. Kräuteromelett aus der Pfanne nehmen und etwas abkühlen lassen. Unterdessen die Fleischbrühe aufkochen. Mit Osterförmchen (z. B. Hasen, Pilze) Formen aus dem Omelett stechen, in die Brühe einlegen und warm stellen.

Sahne steifschlagen, Meerrettich unterrühren und die Meerettichsahne in einen Spritzbeutel füllen. Die Kartoffelpuffer aus dem Ofen nehmen und auf kleine Teller anrichten. Je eine Lachsscheibe darauf arrangieren, mit einem Sahnetupfer und mit Dillspitzen verzieren. Die Osterbouillon auf tiefe Teller verteilen, nach Wunsch mit Schnittlauch und Petersilie bestreuen und zu den Lachspuffern servieren.

VARIATION: Für selbstgemachte Kartoffelpuffer 1 kg mehlig kochende Kartoffeln schälen, fein reiben und mit 1 fein gehackten Zwiebel, 1 Ei, 2 Eßlöffeln Mehl und 1 Teelöffel Salz vermengen. Die Masse portionsweise (etwa 1 Eßlöffel pro Puffer) in Butterschmalz knusprig backen.

Wer jemals das Original genossen hat, das wir Ihnen hier vorstellen, wird um die Tütenversion in Zukunft einen großen Bogen machen.

OCHSENSCHWANZSUPPE

FÜR 6–8 PERSONEN

ZUBEREITUNG: CA. 3 STD.

2 kg Ochsenschwanz • Mehl zum Wenden • 3 EL Butter
150 ml kräftiger Rotwein
250 g Tomatenpüree • 2 EL Tomatenmark • 1 Lorbeerblatt
1 TL getrockneter Thymian
1 Knoblauchzehe • 2 Zwiebeln
1 Lauchstange • 2 Karotten
1 Stück Sellerie • 4 Kartoffeln
Salz • Pfeffer • gehackte Petersilie zum Garnieren

Den Ochsenschwanz in Portionsstücke zerteilen und in Mehl wenden, überschüssiges Mehl abklopfen. Die Butter in einem großen Topf zerlassen. Die Fleischteile in die heiße Butter setzen und rundum kräftig bräunen.

Mit Rotwein ablöschen, dann 1,5 Liter Wasser hinzugießen. Tomatenpüree und Tomatenmark einrühren, Lorbeerblatt und Thymian dazugeben. Alles zum Kochen bringen, dann die Hitzezufuhr reduzieren und die Suppe zugedeckt 2 Stunden köcheln lassen.

Die Fleischteile herausheben und abkühlen lassen. Das Fleisch von den Knochen lösen und in mundgerechte Stücke schneiden.

Knoblauch, Zwiebeln sowie das Gemüse putzen und würfeln, die Kartoffeln schälen und ebenfalls würfeln. Alles zusammen mit dem Fleisch in die Suppe geben und etwa 30 Minuten garen. Mit Salz und Pfeffer abschmecken, mit gehackter Petersilie garnieren und servieren.

Bei der Wahl der Gemüse sind Ihrer Phantasie keine Grenzen gesetzt. In die Suppe passen z. B. auch Kohlrabi, Erbsen, Blumenkohl, Brokkoli und Zuckerschoten.

FRÜHLINGSSUPPE MIT KÄSE-TOAST-ECKEN

FÜR 4 PERSONEN

ZUBEREITUNG: CA. 35 MIN.

500 g Karotten • 500 g grüne Bohnen • 2 EL Butter
75 ml trockener Weißwein
1,5 l Hühnerbrühe (s. S. 7)
Salz • schwarzer Pfeffer
500 g gekochtes Hähnchenfleisch • 1 Handvoll Kerbel
4 Scheiben Toastbrot
150 g deutscher Bergkäse

Die Karotten schälen und in Scheiben schneiden, die Bohnen waschen, putzen und in Stücke schneiden.

Die Butter in einem großen Topf zerlassen und das vorbereitete Gemüse darin andünsten. Mit dem Weißwein ablöschen. Die Brühe hinzugießen, salzen und pfeffern und alles zum Kochen bringen. Die Suppe 15 bis 20 Minuten köcheln lassen.

Das Fleisch in mundgerechte Stücke schneiden, den Kerbel waschen und fein hacken und zusammen mit dem Fleisch in die Suppe geben. Das Ganze noch etwa 10 Minuten auf niedriger Stufe ziehen lassen.

In der Zwischenzeit die Toastbrotscheiben auf ein Backblech legen. Den Käse in Scheiben schneiden und auf dem Toastbrot verteilen. Unter dem Grill goldbraun überbacken. Toastbrot in Dreiecke schneiden, die Gemüsesuppe auf Teller verteilen und mit den Käse-Toast-Ecken garnieren.

VARIATION: Nach Belieben können Sie die Hühnerbrühe auch durch Gemüsebrühe ersetzen. Das Rezept dafür finden Sie auf Seite 9.

Bei diesem Rezept brauchen Sie keine Angst vor Knoblauchgeruch zu haben! Durch die raffinierte Zubereitungsmethode bleibt das Aroma in der Suppe.

KNOBLAUCHSUPPE

FÜR 4 PERSONEN
ZUBEREITUNG: CA. 80 MIN.
2 ganze Knoblauchknollen
100 ml Olivenöl • je 1 TL frische Thymian- und Rosmarinblättchen • Salz • Pfeffer
4 Scheiben Weißbrot ohne Rinde • 1 l Gemüsebrühe (s. S. 9) • 2 Eier • gehackte Petersilie zum Garnieren

Den Backofen auf 180 °C vorheizen. Die Knoblauchknollen oben quer durchschneiden, so daß die Zehen offenliegen. 3 Eßlöffel Olivenöl abmessen und beiseite stellen. Die Knoblauchknollen in eine feuerfeste Form setzen und mit dem restlichen Olivenöl übergießen. Mit den Kräutern bestreuen, salzen und pfeffern. Im Backofen etwa 1 Stunde garen.

Das Weißbrot grob zerpflücken. Die 3 Eßlöffel Olivenöl in einer Pfanne erhitzen und das Brot bei mittlerer Hitze darin rösten. Vom Herd nehmen und beiseite stellen. Die Croûtons auf Küchenpapier abtropfen lassen.

Die Brühe erhitzen. Den Knoblauch aus dem Ofen nehmen. Die cremige Knoblauchmasse aus den Knollen drücken und in die heiße Suppe rühren. Die Eier leicht verquirlen. Suppe vom Herd nehmen und die Eier einrühren. Alles etwa 2 Minuten ziehen lassen, dann auf Suppenteller verteilen. Mit den Weißbrotcroûtons und gehackter Petersilie bestreuen.

Mit dieser ausgefallenen Delikatesse werden Sie bei Ihren Gästen sicher Furore machen. Sie sollte frisch serviert und nicht wieder aufgewärmt werden.

SAUERAMPFERSUPPE

FÜR 4 PERSONEN
ZUBEREITUNG: CA. 45 MIN.
600–800 g Sauerampfer
2 Schalotten • 1 Kartoffel
2 EL Butter • 800 ml Gemüsebrühe (s. S. 9) • Salz • Pfeffer
1 Prise frisch geriebene Muskatnuß • 4 EL saure Sahne

Sauerampfer putzen. Hierfür unschöne Blätter entfernen, die restlichen Blätter von den Stielen zupfen. Die Blätter waschen und dann in grobe Stücke reißen. Die Schalotten abziehen und fein hacken. Die Kartoffel schälen und fein würfeln. Die Butter in einem Suppentopf erhitzen und Schalotten- sowie Kartoffelwürfel einige Minuten darin andünsten. Dabei mehrmals umrühren. So lange dünsten, bis Schalotten und Kartoffeln glasig sind. Mit Brühe auffüllen und zum Kochen bringen. Sobald die Kartoffel weich gekocht ist, den Sauerampfer in die Suppe geben und heiß werden lassen. Die Suppe nun mit dem Pürierstab oder im Mixer pürieren. Das Püree wieder auf den Herd setzen, mit Salz, Pfeffer und frisch geriebenem Muskat abschmecken.

Einige Minuten köcheln lassen, damit sich die Aromen schön verbinden. Vom Herd nehmen, auf Suppenteller verteilen und jede Portion mit einem Klecks saurer Sahne servieren.

VARIATIONEN: Geben Sie zum Schluß 2 hartgekochte, gewürfelte Eier in die Suppe. Die saure Sahne können Sie auch durch süße ersetzen.

TIP:
Sauerampfer sollten Sie bei Ihrem Gemüsefachhändler vorbestellen. Sie können ihn jedoch im Spätfrühling auf ungespritzten Wiesen auch selber pflücken.

Mit diesem aromatischen Süppchen vertreiben Sie den Winter endgültig. Die nötigen Zutaten erhalten Sie in Asienläden.

THAILÄNDISCHE GARNELENSUPPE

FÜR 4 PERSONEN
ZUBEREITUNG: CA. 45 MIN.

250 g frische geschälte Garnelen • Saft von 1 Limette
1 l Hühnerbrühe (s. S. 7)
1 EL Mu-err-Pilze
2 Karotten • 2 Tomaten
1 Knoblauchzehe • 1/2 TL Sambal Oelek • (z. B. von Suzi-Wan) • 1 EL Sojasauce
1 TL gemahlener Koriander
2 Messerspitzen Zitronenpfeffer
1/2 Stange Zitronengras
100 g thailändische Suppennudeln

Garnelen mit Limettensaft beträufeln und abgedeckt etwa 30 Minuten ziehen lassen. Die Hühnerbrühe erhitzen. Die Pilze in warmem Wasser etwa 15 Minuten quellen lassen, abspülen und kleinschneiden.

Die Karotten waschen, schälen und in Scheiben schneiden. Die Tomaten über Kreuz einschneiden, mit heißem Wasser überbrühen, enthäuten und würfeln. Dabei die Stielansätze entfernen. Den Knoblauch abziehen und fein hacken. Mit Sambal Oelek, Sojasauce, Korianderpulver und Zitronenpfeffer verrühren. Zusammen mit dem Gemüse, den Garnelen und dem Zitronengras in die Brühe geben und etwa 10 Minuten köcheln lassen, bis das Fleisch der Garnelen weiß und fest aussieht. Das Zitronengras wieder herausnehmen.

In einem zweiten Topf die Nudeln nach Packungsanleitung garen oder einweichen und abgießen.

Die Nudeln in Schälchen verteilen, jeweils mit Suppe auffüllen und das Ganze sofort servieren.

VARIATIONEN: Die Suppennudeln können Sie auch durch chinesische Reisnudeln ersetzen, die nur in heißem Wasser eingeweicht werden müssen. Die Nudeln vor dem Einweichen mit einer Küchenschere kleinschneiden. Garnieren Sie die Suppe mit frischen Korianderblättchen.

WARENKUNDE: Koriandergrün gehört in fast alle Spezialitäten aus dem südostasiatischen Raum und hat außerdem einen festen Platz in der Küche Mexikos. Im Volksmund hieß das Kraut wegen seines stechenden Geruchs (den man entweder leidenschaftlich liebt oder genauso abgrundtief verabscheut – einen Mittelweg scheint es hier nicht zu geben) »Wanzenkraut«. Koriander ist ein herrlich aromatisches Kraut, es paßt zu Geflügel- und Fischgerichten, zu Eierspeisen und zu Suppen jeglicher Art. Sie können das Kraut aus Korianderkörnern auf der Fensterbank ziehen oder aber in Asienläden kaufen.

SOMMER

Begrüßen Sie den Sommer mit dieser schmackhaften und schnell zubereiteten Suppe. Verwenden Sie möglichst junge Zucchini.

ZUCCHINICREMESUPPE

FÜR 4 PERSONEN

ZUBEREITUNG: CA. 20 MIN.

4 mittelgroße Zucchini

2 Knoblauchzehen

1–2 EL Butter • Salz

1/2 TL getrockneter Thymian

750 ml Gemüsebrühe (s. S. 9)

8 EL Haferflocken

(z. B. von Kölln) • schwarzer

Pfeffer aus der Mühle

100 g Sahne • Zucchinistreifen

zum Garnieren

Die Zucchini waschen, putzen und grob würfeln. Den Knoblauch abziehen und fein hacken. Die Butter in einem Topf erhitzen. Den Knoblauch hineingeben, salzen und 3 Minuten andünsten. Dann die Zucchiniwürfel hinzufügen und in der heißen Butter schwenken.

Mit Thymian würzen und 5 Minuten dünsten. Die Brühe hinzugießen und das Ganze zum Kochen bringen. Mit den Haferflocken abbinden, die Hitzezufuhr reduzieren und die Suppe bei milder Hitze etwa 10 Minuten köcheln lassen, bis die Zucchini weich sind.

Die Suppe mit dem Pürierstab oder im Mixer pürieren. In den Topf zurückgießen. Mit der Sahne verfeinern, wieder heiß werden lassen und mit Salz und Pfeffer abschmecken. Auf Teller verteilen und jede Portion mit Zucchinistreifen garnieren.

VARIATIONEN: Nach Belieben können Sie den Knoblauch weglassen. Anstelle von Haferflocken läßt sich die Suppe auch mit 1 mittelgroßen Kartoffel binden. Die Kartoffel schälen, sehr fein würfeln und zusammen mit den Zucchiniwürfeln garen. Die Sahne können Sie auch durch einen kräftigen Schuß kaltgepreßtes Olivenöl ersetzen.

TIP:
Die Zucchinisuppe schmeckt auch kalt ganz wunderbar. Ideal an heißen Sommertagen.

FÜR 4–6 PERSONEN
ZUBEREITUNG: CA. 30 MIN.

2 Zwiebeln • 1 Knoblauchzehe
500 g Tomaten
500 g Fenchelknollen
350 g Karotten
150 g Frühstücksspeck
2 EL Olivenöl
150 ml trockener Weißwein
750 ml Hühnerbrühe (s. S. 7), ersatzweise Instantbrühe (z. B. von Maggi)
Salz • Pfeffer
1 TL Paprikapulver, edelsüß
2 TL gehacktes Basilikum
50 g frisch geriebener Parmesan

Für die bekannte italienische Suppe können Sie verwenden, was Ihr Garten an frischem Gemüse zu bieten hat, aber achten sie dabei auf eine möglichst bunte Zusammensetzung.

MINESTRA MIT FRISCHEM GEMÜSE

Zwiebeln und Knoblauch schälen und grob hacken. Die Tomaten heiß überbrühen, enthäuten und entkernen, das Fruchtfleisch grob würfeln. Den Fenchel putzen, waschen und in Würfel schneiden. Die Karotten schälen und in Scheiben schneiden, den Frühstücksspeck würfeln.

Das Öl in einem großen Topf erhitzen und den Speck darin knusprig ausbraten. Zwiebeln, Knoblauch, Karotten und Fenchel zugeben und 5 Minuten dünsten. Mit Weißwein ablöschen, danach mit Brühe aufgießen. Salzen, pfeffern und das Paprikapulver einrühren.

Die Suppe rasch zum Kochen bringen, anschließend bei milder Hitze 15 Minuten köcheln lassen. Zum Schluß die Tomatenwürfel in die Suppe geben. Noch einmal abschmecken. Dann auf Suppenschalen verteilen und mit Basilikumblättchen und geriebenem Parmesan bestreuen.

Dieses Original aus Marseille schmeckt nach Urlaub, Sonne und Meer. Die Qualität der Fische ist für den Geschmack ausschlaggebend.

BOUILLABAISSE

FÜR 8–10 PERSONEN
ZUBEREITUNG: CA. 1 STD.

2 Zwiebeln • 2 Knoblauchzehen
2 Selleriestangen • 500 g vollreife Tomaten • 4 EL Olivenöl
500 g Tomatenpüree
1/2 TL getrockneter Oregano und Thymian
1 Lorbeerblatt • Salz • Pfeffer
150 ml trockener Weißwein
2 l Fischbrühe (s. S. 10)
1 kg Miesmuscheln
500 g Venusmuscheln
500 g Garnelen
1,5 kg Fischfilet (z. B. Meerbarbe, Knurrhahn, Seehecht)
2 EL gehackte Petersilie

Zwiebeln und Knoblauch schälen und fein hacken, Sellerie fein würfeln. Die Tomaten heiß überbrühen, enthäuten, entkernen und würfeln.

Das Olivenöl in einem großen Topf erhitzen. Die vorbereiteten Zutaten darin andünsten. Das Tomatenpüree hinzufügen, Kräuter hineingeben, salzen und pfeffern. Mit Weißwein und Brühe auffüllen. Zum Kochen bringen und 30 Minuten bei mäßiger Hitze köcheln lassen.

In der Zwischenzeit die Muscheln gut waschen (geöffnete Muscheln aussortieren und wegwerfen), die Garnelen schälen und entdarmen, das Fischfilet entgräten und grob würfeln. Die Muscheln mitsamt der Schale in die Suppe setzen und darin 2 bis 3 Minuten garen. Dann Garnelen und Fischfilet hinzufügen und alles 5 Minuten ziehen lassen, bis sich die Muscheln geöffnet haben (ungeöffnete Muscheln wegwerfen). Das Garnelen- und Fischfleisch sollte weiß und fest aussehen. Die Suppe herzhaft abschmecken, auf Teller verteilen und mit gehackter Petersilie garnieren.

ALS BEILAGE: Frisches Weißbrot.

Diese feine Suppe ist leicht bekömmlich und außerdem gesund. Die prallen Schoten sind wahre Vitamin-C-Bomben.

PAPRIKACREMESUPPE

Für 4 Personen
Zubereitung: ca. 45 Min.
1 kg rote Paprikaschoten
1 Zwiebel • 2 Knoblauchzehen
2 EL Olivenöl • Salz • Pfeffer
1 Prise Cayennepfeffer
1 Handvoll Basilikumblätter
1 kleine Kartoffel
1 l Gemüsebrühe (s. S. 9)
2 EL Haferflocken
(z. B. von Kölln)
125 g saure Sahne

Backofen auf 200 °C vorheizen. Die Paprikaschoten waschen und trockentupfen. Auf ein Backblech legen und im Ofen rösten, bis die Haut Blasen wirft. Wenden und die andere Seite ebenfalls braten. Aus dem Rohr nehmen, in eine Schüssel legen und abdecken, damit die Schoten nachdämpfen können.

Sobald die Paprikaschoten abgekühlt sind, die Haut abziehen. Hartnäckige Stellen mit einem scharfen Küchenmesser abschaben. Die Schoten halbieren und entkernen, die groben Rippen und Stielansätze entfernen. Die Schoten in grobe Stücke schneiden, einen kleinen Teil fein würfeln und zur Seite legen.

Zwiebel und Knoblauch schälen und fein hacken. Das Öl in einem großen Topf erhitzen, Zwiebel und Knoblauch darin andünsten. Die Paprikaschoten hinzufügen und kurz im Öl mitschwenken. Mit Salz, Pfeffer und Cayennepfeffer würzen. Das Basilikum fein hacken und einstreuen, die Kartoffel schälen, würfeln und unterheben. Mit Brühe auffüllen, die Haferflocken einrühren und das Ganze zum Kochen bringen. Auf kleiner Flamme 30 Minuten köcheln lassen.

Die Suppe nun mit dem Pürierstab oder im Mixer pürieren. Wieder in den Topf geben, einen Großteil der sauren Sahne unterziehen und die Suppe noch einmal erwärmen. Abschmecken, auf Suppenteller verteilen und jeweils mit einem Tupfer saurer Sahne, Basilikumblättchen und Paprikawürfeln garnieren.

Variation: Ersatzweise können Sie auch gelbe Paprikaschoten verwenden, keinesfalls aber grüne, denn diese sind noch nicht genügend ausgereift und schmecken leicht bitter. Paprikafrüchte zeigen durch ihre Färbung den Reifegrad an: grüne Paprika sind unreif, gelbe sind mittelreif und die roten Schoten sind vollreif.

Für 4 Personen

Zubereitung: ca. 35 Min.

500 g Tomaten • 1 Zwiebel

3 EL Olivenöl

1 l Rindfleischbrühe (s. S. 8)

500 ml Tomatensaft • 1 Eiweiß

100 g Mozzarellaperlen

(z. B. von Galbani)

Salz • Pfeffer • 2 cl Gin

Basilikum und Tomatenrauten

zum Garnieren

Tomaten mit Mozzarella einmal auf eine andere Art. Die Suppe sieht nicht nur raffiniert aus, sie schmeckt auch so.

TOMATENSUPPE MIT MOZZARELLA-EINLAGE

Die Tomaten waschen, die Stielansätze entfernen und das Fruchtfleisch vierteln. Die Zwiebel abziehen und würfeln. Das Öl in einem großen Topf erhitzen, Tomaten und Zwiebel darin andünsten, mit Brühe und Tomatensaft ablöschen und alles etwa 10 Minuten kochen lassen. Die Suppe mit dem Pürierstab oder im Mixer pürieren. Abkühlen lassen, dann das Eiweiß in die Suppe rühren. Die Mozzarellaperlen abtropfen lassen und auf Suppenteller verteilen. Die Suppe erneut aufkochen, sofort vom Herd nehmen und vorsichtig portionsweise durch ein Tuch passieren.

Das Tomatenconsommé mit Salz, Pfeffer und Gin abschmecken, die Suppenteller damit auffüllen und nach Wunsch mit Basilikum und Tomatenrauten garnieren.

Ein geniales Rezept für heiße Sommertage. Die Avocados sollten Sie schon einige Tage im voraus kaufen, da sie für diese Creme unbedingt weich sein müssen.

AVOCADOCREME

FÜR 4 PERSONEN

ZUBEREITUNG: CA. 20 MIN.

2 vollreife Avocados

Saft von 1/2 Limette oder Zitrone • 1 kleine grüne Chilischote (nach Wunsch)

250 ml Buttermilch

ca. 750 ml eisgekühltes Wasser

Salz • Pfeffer

frisch geriebene Muskatnuß

4 EL Crème fraîche

1–2 EL gehacktes Koriandergrün

Avocados schälen und entsteinen. Das Fruchtfleisch in grobe Stücke schneiden und sofort mit Limetten- oder Zitronensaft beträufeln, damit es nicht braun anläuft. Wenn Sie eine schärfere Suppe mögen, die Chilischote entkernen, fein hacken und zu den Avocados geben.

Die Mischung zusammen mit der Buttermilch und 1/2 Liter eisgekühltem Wasser pürieren. Mit Salz, Pfeffer und frisch geriebenem Muskat abschmecken, dann mit dem restlichen Wasser zur gewünschten Konsistenz verdünnen. Mit Haushaltsfolie abdecken und gut durchkühlen (2 bis 4 Stunden, aber nicht länger, weil die Suppe sonst ihre appetitlich grüne Farbe verliert).

Jede Portion mit einem Klecks Crème fraîche und etwas gehacktem Koriandergrün garnieren.

VARIATIONEN: Nach Wunsch kann man Buttermilch und Wasser auch durch Gemüsebrühe ersetzen. Mischen Sie 1 feingehackte Schalotte unter die Avocadocreme, dann schmeckt sie noch würziger. Das Originalrezept aus Mexiko enthält natürlich keine Buttermilch, dafür aber 3 Chilischoten und 1 feingewürfelte Tomate.

Für dieses raffinierte Rezept sollten Sie unbedingt hochwertiges, kaltgepreßtes Olivenöl mit zartem Geschmack verwenden.

TOSKANISCHE BROTSUPPE

FÜR 6 PERSONEN
ZUBEREITUNG: CA. 20 MIN.
RUHEZEIT: CA. 3 STD.
6 vollreife Fleischtomaten
1/2 Toskanabrot
2 Knoblauchzehen
1 Bund Basilikum
100 ml Olivenöl
4 EL Balsamessig • Salz • Pfeffer

Die Tomaten heiß überbrühen, enthäuten und entkernen. Das Fruchtfleisch grob würfeln und in eine Schüssel geben. Das Brot zerpflücken und unter die Tomaten heben. Den Knoblauch schälen, im Mörser zerstoßen und einrühren.

Das Basilikum waschen, Blätter von den Stengeln zupfen (einige Blätter zum Garnieren aufheben), in Streifen schneiden und unter die Tomaten heben. Das Gemisch nun mit Olivenöl, Balsamessig, Salz und Pfeffer vermengen. In den Kühlschrank stellen und einige Stunden durchziehen lassen, damit die Tomaten Saft ziehen können und eine dickflüssige Suppe entsteht. Vor dem Servieren noch einmal abschmecken und mit dem restlichen Basilikum bestreuen.

Zitronengras gehört mit zu den köstlichsten Würzkräutern, die die asiatische Küche zu bieten hat. Das feine zitronenähnliche Aroma entfaltet sich nur beim Garen.

ZITRONENGRASSUPPE

FÜR 4 PERSONEN
ZUBEREITUNG: CA. 35 MIN.
2 Knoblauchzehen
3 cm Ingwerwurzel
2 EL Reisessig
2 TL brauner Zucker
1 EL Sojasauce
1 l Hühnerbrühe (s. S. 7)
2 Stengel Zitronengras
2 Zitronenblätter (der Kaffirzitrone) • 4 Frühlingszwiebeln
1 rote Chilischote
150 g gekochtes Hühnerfleisch
Salz • Pfeffer
2 EL Korianderblättchen

Knoblauch sowie Ingwer schälen und fein hacken. Beides mit Reisessig, braunem Zucker und Sojasauce verrühren. Die Hühnerbrühe erhitzen und die Knoblauch-Ingwer-Mischung einrühren.

Die Flüssigkeit langsam zum Kochen bringen. In der Zwischenzeit das Zitronengras längs halbieren, die Zitronenblätter in haarfeine Streifen, die Frühlingszwiebeln in feine Ringe schneiden.

Die vorbereiteten Zutaten sowie die Chilischote in die heiße Suppe geben und knapp 20 Minuten garen. Das Hähnchenfleisch kleinschneiden und in der Suppe heiß werden lassen. Zitronengras und Chili wieder herausnehmen. Suppe mit Salz und Pfeffer abschmecken. Koriander vor dem Servieren unter die Suppe rühren.

Die ideale Mahlzeit für einen heißen Sommer: nahrhaft, aber dennoch leicht, da sie mit Joghurt zubereitet ist.

FÜR 4 PERSONEN

ZUBEREITUNG: CA. 30 MIN.

1 Zwiebel • 1 Knoblauchzehe
1 mittelgroße Zucchini
1 EL Butter
250 g Hackfleisch
500 ml Rindfleischbrühe
(s. S. 8, ersatzweise Instantbrühe z. B. von Maggi)
500 g Joghurt (3,5 % Fett)
1 Handvoll gehackter Dill

ZUCCHINISUPPE MIT JOGHURT UND HACKFLEISCH

Zwiebel und Knoblauch schälen und fein hacken, die Zucchini waschen, putzen und in kleine Stücke schneiden. Die Butter erhitzen und Zwiebel, Knoblauch sowie Zucchini darin anbraten. Das Hackfleisch hinzufügen und mitbraten.

Mit der Brühe auffüllen, alles zum Kochen bringen und etwa 10 Minuten köcheln lassen. Den Joghurt einrühren und kurz warm werden lassen. Die Suppe mit Dill bestreuen und servieren.

Diese Suppe schmeckt am besten, wenn sie mit aromatischen, vollreifen Tomaten zubereitet wird, wie sie im Sommer auf unseren Märkten erhältlich sind.

TOMATENSUPPE

Für 4 Personen
Zubereitung: ca. 25 Min.
4 vollreife Fleischtomaten
2 Knoblauchzehen
2 EL Olivenöl
1 Prise getrockneter Oregano
750 ml heiße Gemüsebrühe
(s. S. 9) • Salz • Pfeffer
2 EL feine Haferflocken
(z. B. von Kölln)
1 Handvoll Petersilie
oder frisches Basilikum

Die Tomaten über Kreuz einritzen, mit kochend heißem Wasser überbrühen oder auf einer Schaumkelle einige Sekunden in heißes Wasser tauchen. Mit einem spitzen Messer die Stielansätze entfernen und die Haut abziehen. Das Fruchtfleisch entkernen und dann fein würfeln. Den Knoblauch schälen und fein hacken. Das Olivenöl in einem Topf erhitzen, den Knoblauch sanft darin andünsten, aber nicht braun werden lassen. Die Tomatenwürfel hinzufügen und einige Minuten mitdünsten, bis die Tomaten kräftig Saft ziehen.

Den Oregano einstreuen. Mit der heißen Gemüsebrühe auffüllen, die Haferflocken hinzufügen und alles 5 Minuten köcheln lassen. Die Suppe abschließend salzen, pfeffern und mit Petersilie oder Basilikum bestreuen.
(auf dem Foto rechts)

Ob Sie diese Köstlichkeit als Suppe oder Dessert servieren, bleibt Ihnen überlassen. Bei Kindern ist sie jedenfalls immer willkommen.

HEIDELBEERKALTSCHALE

Für 4 Personen
Zubereitung: ca. 10 Min.
500 g frische Heidelbeeren
150 g Crème fraîche
1 Zitrone • 4–5 EL Zucker

Die Heidelbeeren kurz abbrausen, abtropfen lassen und in eine Schüssel geben. Mit der Crème fraîche und dem Saft einer halben Zitrone verrühren, dann nach Geschmack süßen. Mit dem Pürierstab oder im Mixer pürieren.

Die Kaltschale auf Teller verteilen. Die zweite Zitronenhälfte in Scheiben schneiden und als Dekoration auflegen.

Der feinsäuerliche Geschmack der Mangofrüchte harmoniert wunderbar mit den mild-nussigen Quarkklößen.

MANGOKALTSCHALE MIT QUARKKLÖSSEN

Für 4 Personen
Zubereitung: ca. 45 Min.
Ruhezeit: ca. 8 Std.

Für die Mangokaltschale:
3 vollreife Mangos • je 1 rote und gelbe Paprikaschote
1 kleine grüne Chilischote
Saft von 1 Limette • Salz
Pfeffer • eisgekühltes Wasser

Für die Quarkklöße:
3 EL weiche Butter • 2 Eigelbe
250 g Magerquark • Salz
75 g Semmelbrösel
2 EL USA-Sonnenblumenkerne
1 Eiweiß

Mangos schälen, mit einem spitzen Messer jeweils das Fruchtfleisch vorsichtig vom flachen Kern lösen und fein würfeln. Paprikaschoten putzen, waschen, entkernen und würfeln.

Die Chilischote längs halbieren, entkernen und fein hacken. Die vorbereiteten Zutaten in eine Schüssel geben und mit Limettensaft, Salz und Pfeffer würzen. Gut durchmischen. Abdecken und über Nacht im Kühlschrank durchziehen lassen.

Für die Klöße die Butter schaumig rühren, die Eigelbe langsam einrühren, den Quark, eine Prise Salz und die Semmelbrösel dazugeben. Die Sonnenblumenkerne hacken und in einer Pfanne ohne Fettzugabe leicht anrösten.

Das Eiweiß steifschlagen und zusammen mit den Sonnenblumenkernen unter die Quarkmasse heben. Die Klöße in siedendem Salzwasser 10 Minuten garen. Dann herausnehmen und abkühlen lassen.

Die gekühlten Zutaten für die Kaltschale mit dem Pürierstab oder im Mixer sehr fein pürieren und mit eisgekühltem Wasser zur gewünschten Konsistenz verdünnen.

Die Quarkklöße auf Teller verteilen und jeweils mit Kaltschale auffüllen. Jede Portion mit gerösteten Sonnenblumenkernen bestreuen.

HERBST

Eigentlich schade, daß Linsen hierzulande so selten auf den Tisch kommen. Die Körner enthalten nämlich viele wertvolle Mineralstoffe, außerdem sind sie sehr bekömmlich.

HÜHNERSUPPE MIT ROTEN LINSEN

FÜR 4 PERSONEN
ZUBEREITUNG: CA. 30 MIN.

- *400 g Hähnchenbrustfilet*
- *1 kleine Stange Lauch*
- *1 Knoblauchzehe*
- *2 EL Olivenöl*
- *1 l Hühner- oder Gemüsebrühe (s. S. 7 bzw. S. 9)*
- *100 g rote Linsen*
- *1 rote Paprikaschote*
- *1 Stück Ingwer (ca. 2 cm)*
- *Saft von 1/2 Zitrone*
- *Cayennepfeffer • Salz*

Das Hähnchenbrustfilet waschen, trockentupfen und in breitere Streifen schneiden. Den Lauch putzen, längs halbieren, gründlich waschen und dann in feine Streifen schneiden. Den Knoblauch schälen und fein hacken.

Das Olivenöl in einem großen Topf erhitzen und das Fleisch darin von allen Seiten anbraten. Anschließend mit einem Schaumlöffel herausnehmen. Die Lauchstreifen und Knoblauchstückchen im Bratfett andünsten. Dann mit der Hühner- oder Gemüsebrühe auffüllen. Das Ganze zum Kochen bringen, die Linsen zugeben und die Suppe zugedeckt bei mittlerer Hitze etwa 15 Minuten kochen lassen.

Die Paprikaschote halbieren, putzen, waschen und in Würfel schneiden. Zusammen mit dem Hähnchenfleisch zur Suppe geben und diese weitere 5 Minuten köcheln lassen. Den Ingwer schälen, auf einer Muskatreibe fein reiben und zusammen mit dem Zitronensaft in die Suppe einrühren.

Die Suppe nach Geschmack mit Cayennepfeffer und Salz würzen. Dann auf Suppenteller oder -schalen verteilen und servieren.

VARIATION: Wenn Sie es gerne scharf mögen, ersetzen Sie den Cayennepfeffer durch 1/2 rote oder grüne Chilischote. Die Schote längs halbieren, entkernen (die Kerne enthalten die meiste Schärfe) und zusammen mit Lauch und Knoblauch anbraten.

Diese feine Suppe eignet sich ideal als Auftakt für ein festliches Menü. Für den Eierstich sollten die Eier ganz frisch sein, dann gelingt er bestimmt.

KAROTTENESSENZ MIT KÄSE-EIERSTICH

FÜR 4 PERSONEN
ZUBEREITUNG: CA. 65 MIN.
Für den Eierstich:
75 g Allgäuer Bergkäse
2 frische Eier • 1/8 l Milch
Salz • Pfeffer
Butter für die Form • Alufolie
Für die Essenz:
750 g junge Karotten
800 ml Gemüsebrühe *(s. S. 9)*
1 TL Pimentkörner
1/2 Zimtstange • Salz

Für den Eierstich den Käse fein reiben. Die Eier mit der Milch verquirlen, den geriebenen Käse unter die Eiermilch heben. Mit Salz und Pfeffer würzen. Eine flache, feuerfeste Form dünn mit Butter ausstreichen. Die Eier-Käse-Milch einfüllen und die Form mit Alufolie verschließen. Eine größere Form etwa bis zu einem Drittel mit heißem Wasser anfüllen, die Form mit dem Eierstich hineinstellen und das Ganze in den kalten Backofen geben. Den Käse-Eierstich im Ofen bei 175 °C ca. 30 Minuten stocken lassen.

In der Zwischenzeit die Karotten schälen und waschen. Eine Karotte beiseite legen, die restlichen fein würfeln. Die Gemüsebrühe mit 1/2 Liter Wasser verdünnen. Karottenwürfel, Pimentkörner und Zimtstange darin aufkochen, dann zugedeckt etwa 20 Minuten bei sanfter Hitze ziehen lassen.

Die beiseite gelegte Karotte zuerst längs in Scheiben, dann in feine Streifen (»Julienne«) schneiden. Den Käse-Eierstich aus dem Ofen nehmen, stürzen und würfeln. Die Karottenessenz durch ein feines Sieb in einen anderen Topf abgießen, mit Salz abschmecken und einmal aufkochen lassen.

Die Karottenstreifen und den Käse-Eierstich auf 4 vorgewärmte Suppenteller oder -tassen verteilen. Jeweils mit Karottenessenz auffüllen und das Ganze umgehend servieren.

TIP:
Wenn es besonders festlich aussehen soll, schneiden Sie aus der beiseite gelegten Karotte kleine Herzen oder Blumen aus.

Gerichte mit Kürbis sind in Nordamerika bekannt und beliebt. In unseren Breiten muß sich dieses Gemüse erst noch durchsetzen. Das nächste Rezept sollte Ihnen einen Versuch wert sein.

KÜRBISCREMESUPPE

FÜR 4–6 PERSONEN
ZUBEREITUNG: CA. 40 MIN.
1,5 kg Kürbis • 2 kleine Schalotten • 3 EL Butter
150 ml trockener Weißwein
1/2 l Gemüsebrühe (s. S. 9)
3 Scheiben Weißbrot
100 g Sahne • Salz • Pfeffer
frisch geriebene Muskatnuß

Kürbis schälen, halbieren und mit einem Löffel die Kerne entfernen. Das Fruchtfleisch in grobe Würfel schneiden. Schalotten abziehen und fein hacken. 2 Eßlöffel Butter in einem großen Topf zerlassen. Die Schalotten darin glasig werden lassen, dann die Kürbiswürfel hinzufügen und rundum andünsten.

Mit Weißwein ablöschen. Dann 1/4 Liter Brühe angießen und das Ganze zum Kochen bringen. Den Kürbis zugedeckt bei sanfter Hitze in etwa 20 Minuten weich garen.

Die Weißbrotscheiben würfeln und in der restlichen Butter knusprig braten. Den Kürbis mit dem Pürierstab zu einer glatten Suppe pürieren. Eventuell mit der übrigen Brühe leicht verdünnen. Mit der Sahne verfeinern, salzen und pfeffern. Mit Muskatnuß würzen. Auf vorgewärmte Suppenschalen verteilen oder in einen ausgehöhlten Kürbis füllen. Mit den Weißbrotcroûtons bestreuen.
(auf dem Umschlagfoto)

Der Pfifferling ist ein echter Waldpilz, denn es ist bisher nicht gelungen, ihn zu kultivieren. Hochsaison dieser Delikatesse ist von Juli bis September.

PFIFFERLINGCREMESUPPE

FÜR 6 PERSONEN
ZUBEREITUNG: CA. 40 MIN.
1 Zwiebel • 1 Knoblauchzehe
200 g mehlig kochende Kartoffeln • 500 g Pfifferlinge
Salz • Pfeffer • 2 EL Butter
2 EL Öl

Zwiebel und Knoblauch abziehen und fein hacken, Kartoffeln schälen und in feine Scheiben schneiden. Die Pilze mit einem feuchten Tuch abreiben, die Stielenden knapp abschneiden und unschöne Stellen mit einem scharfen Messer entfernen. Die Pfifferlinge je nach Größe halbieren oder vierteln.

Die Hälfte des Zwiebel- und Knoblauchhacks in der Butter andünsten. Die Kartoffeln hinzufügen und einige Minuten mitrösten. Mit Brühe auffüllen,

1 l Rindfleischbrühe (s. S. 8)
1 Lorbeerblatt
50 ml Madeira • 100 g Sahne
50 g Grünland Gourmet Dip
Kräuter + Knoblauch
Petersilie zum Garnieren

das Lorbeerblatt hinzufügen und das Ganze bei milder Hitze etwa 20 Minuten garen.

Die Pfifferlinge und das restliche Zwiebel-Knoblauch-Hack im Öl dünsten. Salzen und pfeffern, dann mit Madeira ablöschen, die Flüssigkeit einkochen lassen.

Das Lorbeerblatt entfernen, dann die Kartoffelsuppe pürieren. Die Pilze unterrühren. Mit Sahne und Kräuter-Knoblauch-Dip verfeinern, mit Salz und Pfeffer abschmecken. Die Suppe mit Petersilie garnieren.

Mit Sicherheit finden Sie einen Anlaß, Ihre Gäste mit diesem edlen Gericht zu verwöhnen. Reichen Sie dazu den gleichen Wein, den Sie zum Kochen benutzen.

GARNELENCREMESUPPE

FÜR 6 PERSONEN
ZUBEREITUNG: CA. 40 MIN.

750 g Riesengarnelenschwänze
1 mittelgroße Karotte
1 mittelgroße Zwiebel
2 EL Butter
1 Bouquet garni (1 Zweig Thymian, 1 Stengel Petersilie und 1 Lorbeerblatt zu einem Sträußchen gebunden)
125 ml trockener Weißwein
3 EL Weinbrand
1 1/4 l Kalbsfond (s. S. 6)
3 EL Reis • Salz • Pfeffer
1 kleine Dose Krebssuppenpaste (ca. 30 g) • 2 EL trockener Wermut • Cayennepfeffer
6 EL Crème double
6 gegarte, geschälte Garnelenschwänze • Schnittlauch zum Garnieren • Croûtons

Garnelenschwänze waschen. Die Karotte und die Zwiebel schälen und würfeln. Die Butter in einem großen Topf erhitzen und Karotten, Zwiebeln sowie Bouquet garni hinzufügen. Den Deckel auflegen und das Ganze bei schwacher Hitze 5 bis 7 Minuten garen.

Die Garnelenschwänze dazugeben und 2 bis 3 Minuten andünsten. Wein und Weinbrand angießen und 2 Minuten offen einkochen lassen. Dann 250 ml Kalbsfond hinzufügen und alles 3 bis 5 Minuten köcheln lassen.

Die Garnelenschwänze herausnehmen, kurz abkühlen lassen und dann schälen, dabei den dunklen Darm mit einer Pinzette entfernen. Die Garnelenschwänze wieder in die Wein-Gemüse-Mischung geben und den restlichen Fond sowie den Reis hinzufügen, mit Salz und Pfeffer würzen. Das Ganze gut verrühren und bei mittlerer Hitze etwa 15 Minuten köcheln lassen.

Das Bouquet garni herausnehmen und wegwerfen. Die Suppe pürieren und dann durch ein Sieb streichen. Erneut erhitzen, dann die Krebssuppenpaste einrühren. Wermut sowie Cayennepfeffer hinzufügen und alles 2 Minuten köcheln lassen.

Die Suppe auf 6 vorgewärmte Suppenschalen verteilen. Jeweils 1 Eßlöffel Crème double und 1 Garnelenschwanz dazugeben. Die Portionen mit Schnittlauch garnieren. Die Croûtons getrennt dazu reichen.

ALS BEILAGE: Frisches Weißbrot.

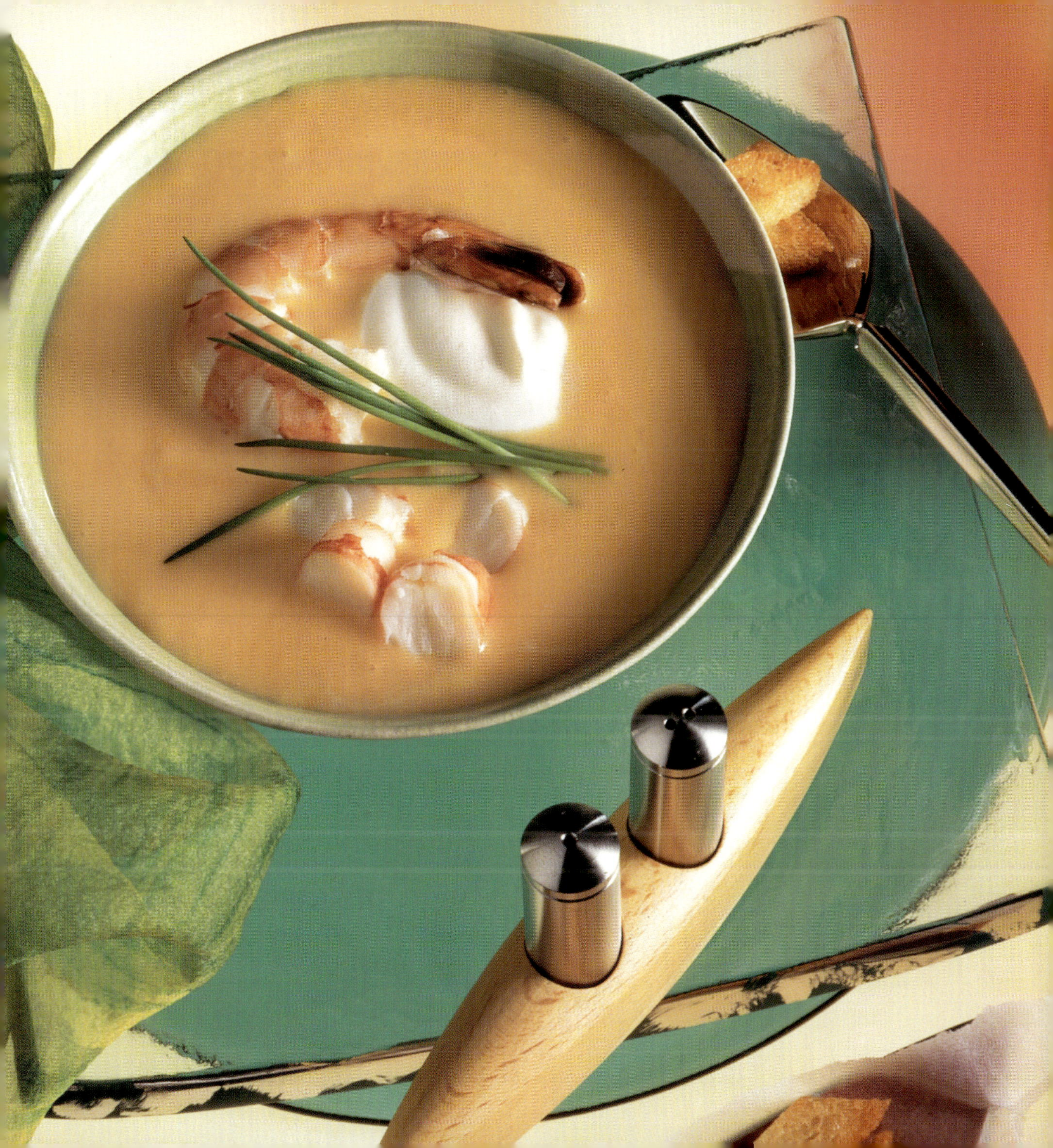

Noch vor wenigen Jahren war Basilikum hierzulande nahezu unbekannt, heute erhält man es in jedem Supermarkt. Das kräftige Aroma dieser herrlichen Kräuter kommt in einer Suppe besonders gut zur Geltung.

FÜR 4 PERSONEN

ZUBEREITUNG: CA. 20 MIN.

150 g Sahne
2 Bund Basilikum
400 g Blattspinat
2 Schalotten
1 Knoblauchzehe
2 EL Olivenöl
1/2 l Gemüsebrühe (s. S. 9)
Salz • Pfeffer • 2 EL frisch geriebener Parmesan

BASILIKUMSUPPE

Sahne fast steif schlagen. Das Basilikum waschen, trockenschütteln und die Blätter von den Stielen zupfen. Den Spinat putzen, gründlich waschen und abtropfen lassen. Schalotten und Knoblauchzehe schälen, hacken und im Olivenöl andünsten.

Basilikum- und Spinatblätter hinzufügen und kurz zusammenfallen lassen. Die Gemüsebrühe dazugießen und das Ganze zum Kochen bringen. Einmal aufwallen lassen, dann den Topf vom Herd nehmen und die Suppe mit einem Pürierstab pürieren. Mit Salz und Pfeffer abschmecken. Die Suppe auf Teller verteilen. Jede Portion mit einem Klecks Schlagsahne versehen und mit Parmesan bestreuen.

Die »Gumbo« stammt aus der kreolischen Küche. Die nahrhafte Suppe ist eigentlich schon ein Eintopf. In den Südstaaten der USA gehört dieses Gericht zu den Klassikern.

NEW ORLEANS GUMBO

FÜR 8–10 PERSONEN
ZUBEREITUNG: CA. 80 MIN.

2 Zwiebeln • 2 Knoblauchzehen
4 Selleriestangen
je 1 grüne und rote Paprikaschote
100 ml Öl • 50 g Mehl
2 l heißer Fischfond (s. S. 10)
Salz • Pfeffer • Cayennepfeffer
gemahlener Kreuzkümmel
300 g Tomatenstückchen aus der Dose • 100 g Reis
500 g Shrimps
500 g Miesmuscheln
250 g Krabbenfleisch
500 g Okraschoten
2 EL gehackte Petersilie und 1 Bund feingeschnittene Frühlingszwiebeln zum Garnieren

Zwiebeln und Knoblauch schälen und fein hacken, Sellerie und Paprika putzen, waschen und grob zerkleinern.

2 bis 3 Eßlöffel Öl in einem Suppentopf erhitzen und Zwiebeln, Knoblauch, Sellerie sowie Paprika darin andünsten, bis das Gemüse weich ist und zu bräunen beginnt. Den Topf vom Herd nehmen.

In einer schweren Pfanne aus dem restlichen Öl und dem Mehl eine dunkle Mehlschwitze bereiten. Die Masse wärend des Bräunens stets mit einer Bratschaufel wenden und vom Pfannenboden schaben. Sobald dieser sogenannte Roux das gewünschte Dunkelbraun erreicht hat, mit 1/4 Liter heißem Fischfond auffüllen. Dabei kräftig umrühren, damit sich keine Klümpchen bilden können. In den Topf zum Gemüse gießen, wieder auf den Herd stellen und den restlichen Fond dazugießen. Mit Salz, Pfeffer, Cayennepfeffer und Kreuzkümmel würzig abschmecken. Die Tomaten einrühren. Zum Kochen bringen und 45 Minuten köcheln lassen.

In der Zwischenzeit den Reis in Salzwasser bißfest garen und die Meeresfrüchte vorbereiten: Shrimps nach Bedarf schälen, die Muscheln gründlich schrubben und verlesen. Geöffnete Muscheln wegwerfen. Die Okraschoten putzen und in Ringe schneiden. Von der Suppe das Öl, das an die Oberfläche gestiegen ist, abschöpfen. Die Okraschoten, die Shrimps, Muscheln und das Krabbenfleisch hinzufügen. Weitergaren, bis die Shrimps sich rosa färben und ihr Fleisch fest und weiß aussieht. Die Suppe vom Herd nehmen. Den gekochten Reis auf Suppenschalen verteilen und mit der heißen Suppe auffüllen. Mit gehackter Petersilie und feingeschnittenen Frühlingszwiebeln garnieren.

ANMERKUNG: Aus Öl und Mehl wird sogenannter Roux, eine Art Mehlschwitze bereitet, die je nach Verwendungszweck hell oder dunkel sein kann. Obwohl eine klassische Gumbo mit Roux zubereitet wird, ist die dickliche Mehlschwitze heute nicht mehr nach jedermanns Geschmack. Modernere, leichtere Versionen verzichten darauf.

WINTER

Die französische Atlantikküste liefert ihren Bewohnern einen wunderbaren Fischreichtum. Die besten Rezepte stammen nicht von ungefähr aus der Bretagne.

BRETONISCHE FISCHSUPPE

FÜR 6–8 PERSONEN
ZUBEREITUNG: CA. 1 STD.
1,5 kg gemischte Fischfilets (z. B. Kabeljau, Dornhai, Heilbutt, Lachs usw.)
Saft von 1 Zitrone
Salz • Pfeffer • 8 Krebse
8 Garnelen • 2 Zwiebeln
1 Knoblauchzehe
1 rote Paprikaschote
2–3 EL Butter • 1 Lorbeerblatt • 1/2 TL Thymian
1 Döschen Safran
100 ml trockener Weißwein
2 l Fischfond (s. S. 10)
150 g Crème fraîche
12–16 kleine gekochte Kartoffeln

Fischfilets mit Zitronensaft beträufeln, salzen und pfeffern, dann in gleichmäßige, mundgerechte Stücke schneiden. Dabei eventuelle Gräten mit einer Pinzette entfernen. Die Fischstücke ziehen lassen. Die Krebse und Garnelen gründlich waschen. Die Zwiebeln abziehen und grob zerkleinern, den Knoblauch schälen und fein hacken. Die Paprikaschote halbieren, putzen, waschen und kleinschneiden.

Die Butter in einem großen Topf erhitzen, Zwiebeln, Knoblauch und Paprikaschote hineingeben, leicht salzen und andünsten, dabei aber nicht bräunen. Lorbeerblatt, Thymian und Safran hinzufügen.

Wein hinzugießen, mit Fischfond auffüllen und das Ganze zum Kochen bringen. Dann die Hitze reduzieren, die Crème fraîche einrühren und die Suppe noch 5 bis 10 Minuten köcheln lassen. Nun die Fischstücke und die Meeresfrüchte hineinsetzen und etwa 15 Minuten bei milder Hitze gar ziehen lassen.

Die Kartoffeln schälen und in 4 Suppenteller jeweils 2 bis 3 kleine Kartoffeln geben. Jeweils einige Schöpflöffel Suppe hinzufügen und alles servieren.

VARIATION: Die in diesem Rezept genannten Fischsorten wie Lachs und Heilbutt sind nicht ganz billig, außerdem sind sie recht fetthaltig. Wenn Sie eine schlankere – und eventuell preiswertere – Küche bevorzugen, greifen Sie auf Schellfisch oder Dorade zurück.

TIP:
Vor dem Servieren Fischstücke und Meeresfrüchte herausnehmen und auf einer vorgewärmten Platte anrichten. Zur Suppe reichen.

Mit diesem scharfen Süppchen wird Ihnen garantiert schnell warm, wenn es draußen eisig kalt ist. Sie können aber auch nur 1 bis 2 Chilischoten verwenden.

CHINESISCHE SCHARF-SAURE SUPPE

FÜR 4 PERSONEN
ZUBEREITUNG: CA. 50 MIN.

25 g chinesische schwarze Pilze
100 g frische Champignons
50 g Glasnudeln
250 g Schweinefleisch aus der Oberschale
Salz • Pfeffer • 4 EL Sojasauce
100 g Karotten
1 Bund Frühlingszwiebeln
6 Wasserkastanien (aus der Dose)
3 EL Öl • 50 g Krabben
100 g TK-Erbsen
1 l Rindfleischbrühe (s. S. 8)
230 g Bambussprossen
50 g Bohnenkeime
1 Msp. Sambal Oelek
1 TL chinesische 5-Gewürze-Mischung (z. B. von Suzi-Wan)
4–6 Chilischoten
100 g Kroepoek (indonesisches Krabbenbrot)
Öl zum Ausbacken

Die schwarzen Pilze 15 Minuten in warmem Wasser quellen lassen. Champignons putzen und in Scheiben schneiden. Die Glasnudeln in reichlich kochendes Wasser geben, dann den Topf von der Kochstelle nehmen und die Nudeln abgedeckt etwa 4 Minuten quellen lassen. Abgießen, die Nudeln mit kaltem Wasser abschrecken und abtropfen lassen.

Das Fleisch in mundgerechte Stücke schneiden, mit Salz, Pfeffer und Sojasauce würzen. Die Karotten schälen und in dünne Scheiben, die Frühlingszwiebeln putzen, waschen und in Ringe schneiden. Die Wasserkastanien abtropfen lassen und ebenfalls in Scheiben schneiden.

Das Öl in einem Topf erhitzen und das Fleisch kurz darin anbraten. Krabben, Champignons, Karotten, Frühlingszwiebeln, Kastanien und Erbsen zugeben, mit Brühe auffüllen und das Ganze etwa 15 Minuten köcheln lassen.

In der Zwischenzeit das Kroepoek in erhitztem Öl ausbacken und auf Küchenpapier abtropfen lassen.

Bambussprossen, Bohnenkeime, Glasnudeln, abgetropfte Pilze, Sambal Oelek und chinesische Gewürzmischung in die Suppe geben. Die Chilischoten halbieren, entkernen, in feine Ringe schneiden und zufügen.

Die Suppe noch einmal kurz aufkochen, dann auf Suppenschalen verteilen und zusammen mit dem Kroepoek servieren.

VARIATIONEN: In China wird die scharf-saure Geschmackskombination durch Zugabe von Reisessig und feingehackten Chilischoten erreicht. Reisessig erhalten Sie in Asienläden, ersatzweise können Sie aber auch Weißweinessig verwenden. Für dieses Rezept dürften 2 Eßlöffel davon ausreichend sein.

Als Eintopfgericht hat Grünkohl einen festen Platz in der norddeutschen Küche. Probieren Sie das Gemüse auch einmal als Suppe.

GRÜNKOHLSUPPE

FÜR 4–6 PERSONEN
ZUBEREITUNG: CA. 70 MIN.
1 kg Grünkohl • 1 Zwiebel
2 Knoblauchzehen
500 g mehlig kochende Kartoffeln • 4 EL Olivenöl
Salz • Pfeffer aus der Mühle
1 l Gemüsebrühe (s. S. 9)
Weinessig
nach Wunsch Würstchen oder gekochtes Suppenfleisch als Einlage

Grünkohl putzen. Die Blätter von den Rispen streifen und in grobe Stücke reißen. Unschöne Blätter oder welke Stellen entfernen. Unter fließendem Wasser abbrausen und abtropfen lassen. Zwiebel und Knoblauch abziehen und fein hacken, die Kartoffeln schälen und grob würfeln.

Das Olivenöl in einem großen Topf erhitzen und Zwiebel und Knoblauch darin glasig werden lassen. Die Grünkohlblätter hinzugeben und 5 Minuten mitdünsten. Die Kartoffeln hineingeben, salzen und pfeffern. Mit der Brühe aufgießen und das Ganze zum Kochen bringen. Dann bei mittlerer Hitze etwa 1 Stunde zugedeckt köcheln lassen.

Die Grünkohlsuppe mit einigen Spritzern Essig, Salz und frisch gemahlenem Pfeffer abschmecken. Nach Wunsch Würstchen oder Fleisch in die Suppe geben und erwärmen. Die Suppe auf Teller verteilen und servieren.

Bis vor einigen Jahren hierzulande noch nahezu unbekannt, ist der vitaminreiche Brokkoli, ein naher Verwandter des Blumenkohls, heute nicht mehr aus unserer Küche wegzudenken.

BROKKOLISUPPE

FÜR 4 PERSONEN
ZUBEREITUNG: CA. 30 MIN.
750 g Brokkoli • 2 EL Butter
1 Zwiebel • 1 Knoblauchzehe
750 ml Gemüsebrühe (s. S. 9)
250 g Sahne • 2 EL frisch geriebener Parmesan
Salz • Pfeffer
frisch geriebene Muskatnuß
junge Spinatblätter

Brokkoli abbrausen, die groben Strünke abtrennen; den Rest in Röschen zerteilen. Die feineren Stengel schälen und fein aufschneiden. Zwiebel und Knoblauch abziehen und fein hacken.

Die Butter in einem großen Topf zerlassen. Zwiebel und Knoblauch darin andünsten, dann den vorbereiteten Brokkoli hinzufügen und einige Minuten mitdünsten. Mit der Brühe auffüllen und das Ganze zum Kochen bringen. Hitzezufuhr reduzie-

TIP:
Die Stiele der Brokkoliröschen und die Stengel möglichst schräg anschneiden – das sieht dekorativer aus und schmeckt auch besser, weil das Gemüse durch die vergrößerte Oberfläche mehr Aroma abgeben kann.

ren und das Gemüse bei sanfter Hitze in etwa 15 Minuten weich garen. Einige Röschen zum Garnieren herausnehmen und beiseite legen.

Die Sahne und den Parmesan einrühren und die Suppe mit Pfeffer und wenig Salz (der Käse ist bereits sehr salzig) sowie frisch geriebenem Muskat abschmecken. Die Suppe mit dem Pürierstab oder im Mixer pürieren, nochmals kurz erhitzen und auf Suppenteller verteilen. Die Spinatblätter blanchieren. Jede Portion mit Spinatblättern und Brokkoliröschen garnieren.

Unter den Süßwasserfischen zählt Zander zu den Edelfischen. Sein zartes, aromatisches Fleisch kommt in dieser feinen Suppe geschmacklich besonders gut zur Geltung.

ZANDERSUPPE

FÜR 4 PERSONEN
ZUBEREITUNG: CA. 1 STD.
2 EL getrocknete Shiitakepilze
1 Stück frischer Ingwer (ca. 2 cm)
2 Bund Frühlingszwiebeln
650 g Zanderfilet
1/2 Bund Koriander
1 EL Butter
Pfeffer aus der Mühle
4 EL Sojasauce (z. B. von Kikkoman)
12 Wan Tan Nudelplatten (8 x 8 cm) • 1 Eigelb
500 ml Fischfond (s. S. 10)

Die Pilze etwa 15 Minuten in lauwarmem Wasser einweichen. Den Ingwer schälen und in feine Streifen schneiden. Die Frühlingszwiebeln putzen, waschen, kurz blanchieren und in eisgekühltem Wasser abschrecken. Das Zanderfilet in 4 Portionen schneiden. Von den übrig gebliebenen Endstücken die Haut entfernen und das Fischfleisch fein würfeln. Dabei eventuelle Gräten mit einer Pinzette entfernen.

Den Koriander waschen und trockenschütteln. Die Blätter von den Stielen zupfen und grob hacken. Die Pilze aus dem Wasser nehmen, Stiele entfernen und Köpfe in Streifen schneiden. Die Butter in einem großen Topf zerlassen, Pilze kurz darin andünsten und mit Pfeffer und Sojasauce abschmecken. Auskühlen lassen, dann mit den Fischwürfeln und dem Koriander vermengen.

Die Ränder der Wan Tan Nudelplatten mit verquirltem Eigelb bestreichen und die Zander-Pilz-Mischung jeweils auf die Mitte der Nudelplatten setzen. Die Ränder hochklappen und zusammendrücken, so daß kleine Taschen entstehen. In einem Topf 1 Liter Wasser zusammen mit 3 Eßlöffeln Sojasauce zum Sieden bringen und die Taschen 5 Minuten darin ziehen lassen. Das Wasser nicht kochen lassen. Die Taschen mit einem Schaumlöffel herausnehmen.

Den Fischfond aufkochen und mit Sojasauce abschmecken. Backofen auf 200 °C vorheizen. Die Zanderfilets leicht pfeffern, in eine Auflaufform schichten, Ingwerstreifen und Frühlingszwiebeln dazugeben, den noch heißen Fischfond angießen, die Auflaufform mit Alufolie abdecken und den Fisch etwa 10 Minuten im Ofen garen.

Die Nudeltaschen auf vorgewärmten Suppentellern anrichten, je 1 Portion Zander dazugeben und jeweils mit Fischfond auffüllen.

TIP:
Wan Tan Nudelplatten erhalten Sie in Asienläden.

Die Reste Ihrer Martins- oder Weihnachtsgans sind viel zu schade zum Wegwerfen. Machen Sie eine raffinierte Suppe daraus.

GÄNSEKLEINSUPPE MIT SCHWEMMKLÖSSCHEN

FÜR 6 PERSONEN
ZUBEREITUNG: CA. 3 STD.
Für die Suppe:
1 Karotte • 1 Lauchstange
1 Stück Sellerieknolle
1 Bund Petersilie
500 g Gänseklein (Hals, Magen, Herz, Flügelspitzen)
1,5 l Wasser • 2 Lorbeerblätter
1 TL Pfefferkörner • Salz
Für die Schwemmklößchen:
3 EL Butter • 125 ml Milch
Salz • Muskat • Cayennepfeffer
70 g Mehl • 1 Ei

Karotte, Lauch und Sellerie waschen, putzen bzw. schälen und in der Küchenmaschine grob raspeln. Die Petersilie waschen und die Hälfte davon zusammen mit dem Gemüse in einen Topf geben. Den Gänsehals mit heißem Wasser überbrühen und die Haut entfernen. Das Gänseklein in den Topf hinzugeben, das Wasser angießen und Lorbeerblätter, Pfefferkörner und Salz hinzufügen. Zugedeckt mindestens 2 Stunden bei milder Hitze köcheln lassen. Nach 30 Minuten jedoch bereits das Herz herausnehmen, damit es nicht hart wird.

Für die Schwemmklöße in der Zwischenzeit Butter und Milch in einem kleinen Topf erhitzen, bis die Butter geschmolzen ist, dann Salz, Muskat und Cayennepfeffer dazugeben. Das Mehl mit einem Schneebesen einrühren und die Masse erneut erhitzen. Das Ei trennen, das Eigelb unter die Masse ziehen und alles abkühlen lassen. Das Eiweiß zusammen mit einer Prise Salz steif schlagen und unterziehen.

Das übrige Gänseklein aus der Suppe nehmen, vom Knochen lösen und in kleine Stücke schneiden. Die Suppe durch ein Sieb abgießen und dann zusammen mit dem Gemüse und dem Gänseklein wieder in den Topf geben. Von der Eimasse mit einem angefeuchteten Teelöffel Klößchen abstechen und in die Suppe gleiten lassen. Etwa 5 Minuten ziehen lassen. Wenn die Klößchen an der Oberfläche schwimmen, sind sie gar. Die restliche Petersilie hacken und zusammen mit dem Gänseklein in die Suppe geben. Die Suppe nochmals erhitzen und dann servieren.

VARIATION: Sollten Sie noch Reste von Gänsefleisch vorrätig haben, so können Sie diese als Einlage in die Suppe geben.

China ist berühmt für seine köstlichen Suppenkreationen. Von dieser Delikatesse werden Sie nicht genug bekommen können!

CHINESISCHE ENTENSUPPE

Für 4 Personen
Zubereitung: ca. 2 Std.
Marinierzeit: ca. 1 Std.

5 große Schalotten
1 küchenfertige Ente (ca. 1,5 kg)
Salz • Pfeffer • 2 TL Zucker
1 rote Paprikaschote
2 Frühlingszwiebeln
230 g Bambussprossen
4 EL Sojasauce (z. B. von Suzi-Wan)
60 g Reisnudeln
frischer Koriander

Schalotten abziehen und im Mixer pürieren oder im Mörser zu Mus verarbeiten. Die Ente innen und außen waschen, trockentupfen, mit Salz und Pfeffer einreiben und mit dem Schalottenpüree bestreichen, dann 1 Stunde ziehen lassen.

2 Liter Wasser in einen großen Topf geben, erhitzen, die Ente hineinlegen und etwa 15 Minuten köcheln lassen. Den Zucker und etwas Salz zugeben und die Ente zugedeckt bei schwacher Hitze etwa 1 Stunde und 30 Minuten garen.

Die Paprikaschote putzen, waschen und in große Würfel schneiden. Die Frühlingszwiebeln putzen, waschen und in feine Ringe schneiden. Die Bambussprossen abtropfen lassen.

Die Ente aus dem Sud nehmen und abkühlen lassen. Dann die Haut entfernen, das Fleisch von den Knochen lösen und kleinschneiden. Den Sud durch ein Sieb in einen Topf gießen, Paprikawürfel, drei Viertel der Frühlingszwiebeln, Bambussprossen und Sojasauce hinzufügen und das Ganze etwa 10 Minuten köcheln lassen.

In einem zweiten Topf die Reisnudeln in reichlich kochendes Wasser geben, den Topf von der Kochstelle nehmen und die Nudeln abgedeckt etwa 4 Minuten quellen lassen. Abgießen, die Nudeln mit kaltem Wasser abschrecken und abtropfen lassen. Zusammen mit dem Entenfleisch auf Suppentassen verteilen und jeweils mit Brühe übergießen. Mit Korianderblättern und den restlichen Frühlingszwiebeln bestreuen.

Variation: Die Entensuppe schmeckt besonders raffiniert, wenn Sie ein Gläschen Reiswein zum Sud geben und mitköcheln lassen.

TIP:
Reichen Sie als Getränk grünen Tee dazu.

Chilischoten zählen in Mexiko zu den Grundnahrungsmitteln und werden in nahezu allen Gerichten verwendet. Für den europäischen Gaumen empfiehlt es sich, die Schoten vor dem Garen zu entkernen, um die Schärfe abzumildern.

MEXIKANISCHE CHILISUPPE

FÜR 4 PERSONEN
ZUBEREITUNG: CA. 50 MIN.
EINWEICHEN: CA. 12 STD.

150 g Kidneybohnen
400 g Rindfleisch aus der Schulter
2 Zwiebeln • 1 Knoblauchzehe
2 rote Chilischoten
2 EL Olivenöl • 1 EL Butter
1 EL Tomatenmark
1 EL Tomatenketchup
150 g passierte Tomaten
1/2 Bund Basilikum
1 Lorbeerblatt
Salz • weißer Pfeffer
500 ml Rindfleischbrühe (s. S. 8) • 80 g Langkornreis
2 EL Wildreis
2 kleine Zucchini
200 g Paprikawurst
1 Dose Maiskölbchen (Einwaage ca. 180 g)
frischer Koriander

Die Kidneybohnen etwa 12 Stunden (am besten über Nacht) in kaltem Wasser einweichen. Dann abgießen.

Das Rindfleisch quer zur Faser in Streifen schneiden. Zwiebeln, Knoblauch und Chilischoten fein hacken. Olivenöl erhitzen und das Fleisch von allen Seiten darin anbraten. Butter in einem Schmortopf erhitzen und Zwiebeln sowie Knoblauch

TIP:
Die hier verwendeten Reissorten Langkorn- und Wildreis gibt es auch als fertige Mischung zu kaufen.

darin andünsten. Tomatenmark und Ketchup zufügen, Tomaten, Fleisch, Bohnen und Chilischoten einrühren. Basilikum waschen, hacken und zusammen mit dem Lorbeerblatt hinzufügen. Salzen und pfeffern. Mit der Rindfleischbrühe aufgießen und etwa 45 Minuten offen köcheln lassen.

In der Zwischenzeit den Reis in Salzwasser garen. Die Zucchini und die Wurst in Scheiben schneiden, zusammen mit den Maiskölbchen in die Suppe geben und etwa 15 Minuten mitkochen. Zum Schluß den Reis zufügen, alles kurz aufkochen und mit frischen Korianderblättchen garnieren.

Kartoffeln und Lauch sind im Winter sehr preisgünstig. Zusammen mit frischem Vollkornbrot schmeckt die folgende Suppe besonders gut.

KARTOFFEL-LAUCH-SUPPE

FÜR 4 PERSONEN
ZUBEREITUNG: CA. 30 MIN.
4 Lauchstangen
2 EL Butter • Salz
750 ml Gemüsebrühe (s. S. 9)
4 mittelgroße Kartoffeln
1 Prise getrockneter Oregano
schwarzer Pfeffer aus der Mühle • 4 EL Crème fraîche

Die Lauchstangen putzen, längs halbieren und gründlich waschen. Die weißen und hellgrünen Teile in feine Streifen schneiden. Die dunkelgrünen Teile anderweitig verwenden. Die Butter in einem Topf zerlassen und die Lauchstreifen hineingeben. Leicht salzen und 5 Minuten andünsten. Dann 150 ml Brühe angießen und den Lauch auf kleiner Flamme etwa 10 Minuten zugedeckt garen.

In der Zwischenzeit die Kartoffeln schälen und würfeln. Zusammen mit der restlichen Brühe zum Lauch geben und in etwa 15 Minuten weich garen. Mit Oregano sowie mit Salz und Pfeffer aus der Mühle abschmecken. Die Suppe auf Teller verteilen und mit je 1 Eßlöffel Crème fraîche versehen.

VARIATION: Für dieses Rezept können Sie auch eine andere Kombination nehmen, beispielsweise Kartoffeln und Rosenkohl. Ersetzen Sie dann die Gemüse- durch Hühnerbrühe, pürieren Sie die Suppe und würzen Sie sie mit einer Prise Thymian. Als Einlage schmecken gebratene Hühnerlebern ganz ausgezeichnet.

Würzige Käsesorten und ein herber Weißwein verleihen dieser Suppe eine herrlich pikante Note. Planen Sie die Zubereitung für die Weihnachtsfeiertage ein, denn Sie müssen dafür ein wenig Zeit mitbringen.

KÄSESUPPE MIT BLÄTTERTEIGTALERN

FÜR 4 PERSONEN
ZUBEREITUNG: CA. 70 MIN.
RUHEZEIT: CA. 1 STD.
Für die Taler:
150 g TK-Blätterteig
Mehl zum Ausrollen
1 verquirltes Ei
50 g Sesamkörner
Für die Suppe:
1 Zwiebel • 1 Knoblauchzehe
1 Stange Lauch • 2 Kartoffeln
1 EL Butter
1 l Hühnerbrühe (s. S. 7)
125 ml Riesling • 125 g Sahne
50 g geriebener Allgäuer Emmentaler
50 g geriebener Tilsiter
Salz • weißer Pfeffer

Für die Taler den Blätterteig auftauen lassen. Dann 2 mm dick ausrollen, mit einer runden Ausstechform Taler ausstechen und auf ein mit kaltem Wasser abgespültes Backblech legen. 1 Stunde ruhen lassen. Den Backofen auf 200 °C vorheizen. Die Taler mit dem verquirlten Ei bestreichen. Mit Sesamkörnern bestreuen und im Backofen in etwa 10 Minuten goldbraun backen.

In der Zwischenzeit Zwiebel und Knoblauch schälen und hacken, den Lauch waschen, putzen und kleinschneiden. Die Kartoffeln schälen und würfeln. Die Butter in einem Topf erhitzen und Zwiebel, Knoblauch sowie Lauch darin andünsten. Die Kartoffeln zufügen, mit der Brühe auffüllen, gut umrühren und das Ganze etwa 20 Minuten kochen.

Mit dem Pürierstab oder im Mixer pürieren, wieder in den Topf gießen und Riesling, Sahne und Käse einrühren. Nochmals kurz erhitzen und mit Salz und weißem Pfeffer abschmecken.

Die Käsesuppe in vorgewärmte Suppenschalen füllen und die Blätterteigtaler darauf schwimmen lassen.

VARIATIONEN: Statt Riesling können Sie auch einen anderen trockenen Weißwein verwenden. Probieren Sie die Suppe auch mit anderen Schnittkäsesorten aus. Appenzeller verleiht der Suppe ein besonders würziges Aroma, während der milde Geschmack von Butterkäse den Wein besser zur Geltung bringt.

REZEPTVERZEICHNIS